德鲁克给孩子的自我管理指南

THE ELEMENTS OF THE PROFESSIONALS:
THE LESSON IN EFFECTIVENESS

卓有成效的管理者

·青少版·

［日］藤屋伸二 主编　［日］大西洋 绘

应中元 译

中信出版集团 | 北京

图书在版编目（CIP）数据

卓有成效的管理者：青少版：德鲁克给孩子的自我管理指南 /（日）藤屋伸二主编；（日）大西洋绘；应中元译. -- 北京：中信出版社，2024.6
ISBN 978-7-5217-6576-2

Ⅰ.①卓… Ⅱ.①藤… ②大… ③应… Ⅲ.①企业管理—青少年读物 Ⅳ.①F272-49

中国国家版本馆CIP数据核字（2024）第094596号

13 SAI KARA WAKARU! PROFESSIONAL NO JOKEN DRUCKER SEIKA WO AGERU LESSON supervised by Shinji Fujiya
Copyright © 2021 Nihon Tosho Center Co., Ltd.
All rights reserved.
Original Japanese edition published in 2021 by Nihon Tosho Center Co., Ltd.
This simplified Chinese edition is published by arrangement with
Nihon Tosho Center Co., Ltd., Tokyo c/o Tuttle-Mori Agency, Inc., Tokyo
through Pace Agency Ltd., Jiangsu Province
Simplified Chinese translation copyright © 2024 by CITIC Press Corporation
ALL RIGHTS RESERVED

本书仅限中国大陆地区发行销售

卓有成效的管理者（青少版）：德鲁克给孩子的自我管理指南

主　　编：[日] 藤屋伸二
绘　　者：[日] 大西洋
译　　者：应中元
出版发行：中信出版集团股份有限公司
　　　　　（北京市朝阳区东三环北路27号嘉铭中心　邮编 100020）
承　印　者：北京尚唐印刷包装有限公司

开　　本：880mm×1230mm　1/32　　印　张：4.25　　字　数：80千字
版　　次：2024年6月第1版　　　　　印　　次：2024年6月第1次印刷
京权图字：01-2024-0972
书　　号：ISBN 978-7-5217-6576-2
定　　价：30.00元

版权所有·侵权必究
如有印刷、装订问题，本公司负责调换。
服务热线：400-600-8099
投稿邮箱：author@citicpub.com

前言

你知道德鲁克吗？

说起彼得·德鲁克，相信大家并不陌生，他是20世纪最具代表性的经济学家之一，许多著作至今仍影响着世界，如《管理的实践》《卓有成效的管理者》等，都被企业家视为"管理学的圣经"。很了不起吧！

但是，很少有人知道他经历过怎样的时代，有过哪些人生感悟。

德鲁克是犹太人后裔，1909年出生在维也纳一个富裕的德国家庭。他在上学时成绩非常优秀，但和上学相比，他更喜欢到社会上工作。你能想象吗？他18岁就在一家德国贸易公司工作了！

纳粹上台后，为躲避危险，他先后移居英国和美国，从事过各种职业，练就了一双洞悉世界的慧眼。他预见了柏林墙的倒塌和日本作为经济大国的崛起。世界上最早阐释管理学的重要性的人也是德鲁克。厉害吧！

2005 年，95 岁高龄的德鲁克离开了我们。

从 20 世纪初到 20 世纪末，他一直敏锐地观察着世界，留下了许多富有远见的建议，因此被称为"20 世纪的知识巨人"。

关键词：成效

德鲁克留下了众多著作，其中有一个最重要的关键词频繁出现，那就是"成效"。

说到"成效"，很多人会认为是指工作中取得的实际效果。当然，在工作中取得效果非常重要。但德鲁克所谓的"成效"内容更加宽泛。他认为"成效"能使人生变得更加充实，是获得幸福的必要因素。

德鲁克说：要取得成效，并不需要什么特殊才能。只要掌握一般技巧，谁都可以学会，谁都可以做到！

13 岁就能懂的入门书

在德鲁克众多的著作中，最有名的当数《卓有成效的管理者》，书中总结了"取得成效，使人生变得更加充实"的方法。为方便 13 岁以上的读者阅读，这本书在原著的基础上融入了作者的观点。大家可以从中学到德鲁克对成效的思考，并由此掌握使人生更加充实的方法。

尽管这是一本入门书，却涵盖了原著的要义和精髓。书中也加入了大量的插图，帮助读者轻松理解内容。

"比别人更努力，结果却不尽如人意。"

"总被表扬，却没有获得成效感。"

有这种烦恼的人，请一定要读一读这本书，看看德鲁克是怎么说的。

本书在各章开头都插入了一个小故事。故事中的年轻人小哲最初每天都为眼前的工作忙得焦头烂额。可自从遇见老先生，他在老先生的引导下学到了一个又一个取得成效的本领，一步一个脚印地成长了起来。

那么，接下来我们就来了解德鲁克的成长历程，一起学习取得成效的本领，让自己成长起来吧！

藤屋伸二

目录

序章　做一个有成效的人

故事　24 小时营业的餐厅 ·· 002

　　　　小哲，遇见老先生 ·· 004

在知识社会，知识比"人、财、物"更有用 ············· 006

成为利用知识取得成效的专家 ································ 009

第 1 章 "贡献"很重要

故事 小哲,越来越苦恼 ········· 016
- 停下手中的工作,思考"怎么做贡献" ········· 018
- 贡献带来的其他积极变化 ········· 025

第 2 章 如何发挥长处

故事 小哲与厨师产生了矛盾 ········· 030
- 发挥长处,才能卓有成效 ········· 032
- 通过反馈分析找到长处 ········· 036
- 发挥所长,组织才会更强大 ········· 040

第 3 章　学会管理时间

故事　小哲，疲于奔命 ·· 046
　| 看看自己是怎样安排时间的？ ······························· 048
　| 有哪些浪费时间的无效活动 ································· 052
　| 重新评估组织结构，取消无效活动 ·························· 055

第 4 章　集中精力做最重要的事情

故事　小哲，不能集中精力做应该做的事 ······················ 062
　| 集中精力先做最重要的事，一次只做一件事 ············· 064
　| 有助于集中精力的两个具体方法 ··························· 067

第 5 章　正确决策，付诸行动

- **故事** 小哲，犹豫是否要雇人 ················· 076
- 决策影响成效 ································· 078
- 决策分为五个步骤 ····························· 080
- 意见一致时不要急于决策 ······················· 088
- IT 技术的发展，让决策变得更加重要 ············· 092

| 尾声 | 为了成为更好的自己 |

故事	小哲，憧憬着未来	096
承担责任，获得成长	098
你希望大家记住一个怎样的自己	104
故事	回顾过去，展望未来	106

关键词一览表	110
彼得·德鲁克年谱	112
译者后记：关于德鲁克	116
结语	120

序章

做一个
有成效的人

24小时营业的餐厅

夜深了,街上空无一人。

街角有一家店还亮着灯。那是被高楼大厦包围着的一家小餐厅。

"真愁人,我该怎么办呢?"

餐厅里很安静,年轻人小哲在摇头叹息,因为今天的营业状况仍然不见好转。唉,谁让他是这儿的店长呢。

七年前,他就开始在这家餐厅当服务员,去年当上了店长。

在那之前,这家餐厅一直由老板亲自打理,收入一向很稳定。可不知为什么,自从他当了店长,收入却大幅下降了。

正在这时,老板来了。他先是像往常一样确认了一

下营业状况,然后对小哲说:

"怎么样,一起去喝一杯吧?"

于是他带着小哲去了他常去的酒吧。

"餐厅里的状况一直不乐观啊。不过你也是过于担忧了。看把你累的!"

"唉,还不是因为餐厅的状况总也不见好转啊……"

"对了,我想起来了,最近在街上偶遇过去的老顾客,还表扬你呢!我知道你很苦恼,你可以放开手脚,想怎么做就怎么做!"

老板很少用这种语气说话,一定是因为担心他。

老顾客在一个个减少,又没能吸引到新的客人,这才是收入低迷的原因。当然,小哲也一直在努力。

"但是,为什么不见起色呢?"

小哲，遇见老先生

　　小哲几乎一夜未睡，第二天一早比平时提前两个小时就从家里出来了。

　　"真头疼。去喝杯咖啡吧。"

　　他像往常一样，坐到咖啡馆外面的露台上。不远处有一个大公园，树被风吹得沙沙作响。

　　平时，小哲习惯每天在这里欣赏风景，但今天，同样的风景却让他提不起兴致。

　　突然，邻座的咖啡杯被碰倒了，咖啡洒了出来，险些溅到小哲的腿上。

　　"非常抱歉，没有烫到你吧？"

　　说话的是一位穿着考究、举止优雅的老先生。

　　"没事，没事！"

　　"对不起，刚才光顾着看你的表情了。结果把咖啡弄洒了。"

　　"啊？我的……"

　　"是啊，因为你看起来忧心忡忡啊。"

　　"不会吧……就是没休息好！"

　　小哲想敷衍一下，老先生仿佛看穿了他的心事，微笑着说：

"无论有什么事,对别人说出来就轻松了。怎么样,愿意和我说说吗?"

老先生温文尔雅的举止让小哲产生了安全感,于是他把自己的处境说了出来。

老先生认真倾听着,等小哲说完,老先生说道:

"我明白了。你不开心,是因为成效不如你想象的那样好。不过,在这样一个新的时代,谁都可以取得成效,而取得成效的本领,我们都可以学会!"

小哲没太明白老先生的意思。什么是"新的时代"?真的谁都可以取得成效吗?

老先生仿佛看穿了小哲的心思,脸上露出笑容,接着向小哲娓娓道来。

在知识社会，知识比"人、财、物"更有用

▶ 知识成为社会的核心

故事里的小哲好像对老先生的话感到有些困惑。那么，所谓"新的时代"究竟是一个什么样的时代呢？"取得==成效==的技巧，谁都可以学会"是真的吗？

在我们生活的社会，"人、财、物"这些资本一直发挥着巨大的作用。在这样的社会里，谁拥有资本，谁就更容易在社会竞争中获胜，而缺少资本的人则容易失败。

但是，随着时代的变迁，社会发生了巨大的变化，这对社会资本的构成产生了很大的影响。和"人、财、物"相比，==知识==开始变得越来越重要。

我们来举个例子。

> 在互联网刚开始普及时，有一名学生因为和周围的人相处不好而感到苦恼，他想结识新的朋友。于是，他想到了一个办法。
>
> 是什么办法呢？

"要是在互联网上建立一个能结交朋友的平台，是不是就可以轻松地与世界上的其他人建立联系啦？"

他非常擅长网络技术，于是马上动手搭建平台。你猜结果怎么样？

他的平台一经发布，马上风靡全世界。就这样，他利用知识改变了世界上人与人的关系，在商业领域也获得了巨大的成功。

这位学生并未拥有"人、财、物"这些资本，却能用知识让这个世界变得更加美好！

▶ 知识，谁都可以学会

故事中的老先生提到的"新的时代"，就是指知识开始发挥巨大作用的时代。这样的社会就是"知识社会",和"人、财、物"相比,知识更重要。

所谓"知识",并不是单纯的信息,而是信息、经验和理论的加总。知识社会要求我们拥有这样一种本领,即能够思考如何运用经验和理论取得成效。

只要愿意学习,谁都可以掌握知识,而不需要投入大量的资本,也不需要特别的资格。知识,既不能被简单搬运,也不能被巧取豪夺。此外,它还可能带来重要的人、财、物等资源。

但是，知识也有缺陷，那就是有一些"会很快过时"，需要不断学习，持续更新。

成为利用知识取得成效的专家

▶ 有知识的人和没有知识的人

在以知识为中心的知识社会，人们把能够利用知识取得成效的人称为"<mark>知识工作者</mark>"。大家可能认为这部分人极少，而且都是经营者或担任一定职务的管理者。那可就错了。只要是能利用知识取得成效的人，都属于"知识工作者"。

螺丝工厂的一名新来的业务员造访了一家汽车公司。他本来就很喜欢车，对车很有研究，所以很快就把厂里的螺丝销售出去了，而且深受顾客青睐。他逐步拓展顾客群，很快在厂里获得高度认可，每天都过得很充实。

而同一家工厂的另一名新来的业务员，虽然每天东奔西跑地忙着销售，但对车几乎一窍不通，忙活半天也没有什么销售业绩。虽然他很认真、很努力，但顾客对他的评价都不高。他感受不到工作的意义，每天无精打采。

这两个人都是新人，都没有什么头衔，也没有谁规定他们必须完成多少工作量。但是否具备汽车的相关知识，决定了两人的工作成效和每天获得的充实感。

值得一提的是，喜欢车的业务员拥有的关于车的知识量比大多数人都多。如果他的知识量仅停留在一般水平，那还成不了制胜法宝。

知识工作者拥有的知识越多，运用的效果越好，就会越有成效。在知识工作者中，能够持续取得成效的人就是"专家"。

作为知识工作者，为了成为专家，使自己拥有的知识成为更强大的武器，就必须不断更新知识。

与人合作，用好知识

对知识工作者来说，拥有其他人不具备的专业知识很重要。但是，分工越细致，就越不容易单枪匹马地干出成绩。知识工作者需要与其他人协同合作，才能取得成效。

负责营销　负责技术　负责计划

↓

取得成效

请大家想象一场棒球比赛。只有将优秀的投手、优秀的捕手、优秀的击球手等不同分工的优秀选手组合在一起，球队才会强大。否则，即便投手再优秀，如果不能和捕手和击球手好好配合，球队也无法取胜。

运用知识时也是一样。要最大限度地使用自己的知识，就必须和周围的人好好沟通和合作。这里所说的"周围的人"，是指你所在的组织（公司、店铺、团队）和在其中工作的人。

和周围的人好好合作，取得成效的可能性就会加大。

▶ 成为专家的五种本领

要成为取得成效的专家，需要掌握五种本领。但请放心，掌握这五种本领，不需要特殊的才能。只要平时多留心、养成习惯，谁都能自然而然地掌握。故事中的老先生说"谁都可以取得成效"，就是这个意思。

这五种本领如下：

> 重视贡献
> 发挥长处
> 管理时间
> 集中精力
> 正确决策，付诸行动

这里列出的五种本领究竟是什么意思呢？现在我们可能还不太明白。本书会以浅显易懂的方式逐章讲解这五种本领。成为专家会使你的人生变得更加充实——相信大家也会逐步明白这一点。

故事

遇见老先生的那天晚上,小哲把老先生教给他的五件事写到笔记本上。

> 1　重视贡献
> 2　发挥长处
> 3　管理时间
> 4　集中精力
> 5　正确决策,付诸行动

然后,小哲慢慢回味着老先生说的话。

社会的变迁和知识的重要性——这些,小哲以前从未意识到。这样说来,自己也许生活在一个幸运的时代。实际上,没有任何背景的自己能当上店长,不正说明了这一点吗?

取得成效的本领,真的谁都能学会吗?

不过,如果有机会的话……

小哲开始对老先生的话产生浓厚的兴趣。

小结

☑ **现代社会是"知识社会"**

　　在知识社会,知识能比"人、财、物"发挥更大的作用。以知识为中心的社会就是"知识社会",而利用自己掌握的知识取得成效的人就是"知识工作者"。

☑ **利用知识不断取得成效的专家**

　　在知识工作者中,能够精准并持续取得成效的人就是"专家"。

☑ **成为专家要掌握的五种本领**

　　①重视贡献
　　②发挥长处
　　③管理时间
　　④集中精力做重要的事
　　⑤正确决策,付诸行动

第 1 章

"贡献"很重要

小哲，越来越苦恼

自从跟老板在酒吧长谈后，小哲就总在思考：用什么办法才能吸引新的顾客呢？

对于从未来过这家餐厅的人，首先要吸引他们光临，让他们了解餐厅。于是，小哲提议让厨师制定一份价格稍低的菜单。

结果呢？厨师根本就不接受。

"这种粗糙的饭菜，我可不想做！"

由于不符合自己对细节的要求，厨师坚决不做。没办法，小哲只能唉声叹气。

这一天，女服务员依旧对来店里的顾客爱搭不理的，她是小哲当上店长后新招的员工。虽然很快就熟悉了工作，但服务态度不好。给顾客的感觉是，她做这份

工作一点儿也不情愿。

怎么什么都不顺啊……现实和预期相距甚远。小哲越来越苦恼。

那位老先生说"取得成效的本领，谁都可以学会"，不知是不是真的？看来只能听听他怎么说了！

第二天早晨，小哲在和上次同样的时间来到咖啡馆。不出所料，老先生正坐在外面的露台上品着咖啡。

"早上好！"

"哦，早啊！"

老先生笑着让小哲坐到旁边的座位，小哲刚一坐下，就迫不及待地问道：

"前几天，您说取得成效的技巧谁都可以学会，那我也能学会吗？"

"哈哈哈，当然啦！"

"请您教给我好吗？您那天说的五种本领，后来我想了好久，一直不太明白……"

"你看起来很苦恼啊。别太着急啦！"

"谢谢！不过，我确实不知道该怎么办了……"

"如果能发挥作用，我很愿意讲给你听。那么，今天我们先聊聊五种本领中的第一种——重视贡献！"

停下手中的工作，思考"怎么做贡献"

▶ 从宽阔的视角思考什么是成效？

苦恼的小哲因为工作进展不顺利而唉声叹气。相信认真工作的人都有过这种经历。

因为急于取得成效，人们常常会被眼前的事情困住。但是，越着急，情况越不见好转。如果真的想取得成效，不妨停下手中的工作，放眼看看外面的大千世界。从宽阔的视角，想想怎样做才能取得成效，这样你就会找到努力的方向。

▶ 想想自己能做哪些贡献？

当你放眼社会时，就会明白自己应该做哪些事。为什么呢？因为你会把眼前的工作和自己所属的组织（公司或店铺）以及社会联系在一起来思考。

我们的工作成果会通过组织传递给社会，给社会带来某些积极影响。从这种平时容易被忽略的关联出发，重新思考工作，就会明白作为个人应该怎么做和应该取得什么样的成效。

如果把个人、组织与社会联系在一起思考，你应该做的事、应该取得的成效究竟是什么呢？想知道这一点，就要理解你所属的组织在社会中发挥什么作用，即为社会做出什么样的贡献。在此基础上，再想想自己能做哪些贡献？

无论什么组织，都是因为满足了社会的某种需要，能带来利益而存在。隶属于它的个人也是因为满足了组织的需要才能取得成效。

记住这一点，我们再回过头看看故事本身。虽然很拼，却不见成效——为此苦恼的小哲，现在应该怎么做呢？应该先想想"餐厅在社会中发挥着什么作用，而自己在其中能做些什么"。

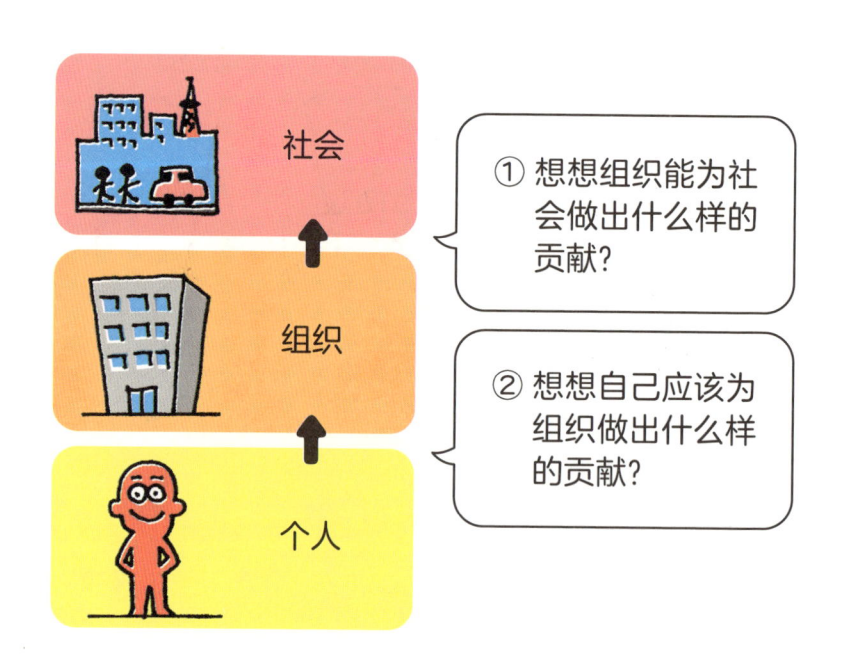

社会

组织

个人

① 想想组织能为社会做出什么样的贡献？

② 想想自己应该为组织做出什么样的贡献？

只有明白组织能为社会做出什么样的贡献，才会明白个人应该做些什么。

▶ **个人如何做出贡献呢？**

读到这里，你是否已在思考"自己要怎么做出贡献"

呢？其实很少有人能自信地回答"我知道该怎么做"。

接下来我们再具体地探讨，作为个人，如何才能为组织做出贡献。

实际上，所有的组织都有一个共同点：希望组织里的每个人做到如下三点。

通过三种贡献让组织变得强大

贡献1 取得直接的成效

贡献2 提升组织的价值

贡献3 培养人才

贡献1 取得直接的成效

直接的成效就是营业收入。取得直接的成效，就是提升公司或店铺的业绩。

业绩提升了，组织才能开展新的事业并扩大规模，即使遇到危机，也不会轻易地倒下。取得直接的成效是让组织保持实力的关键。

贡献2 提升组织的价值

"提升价值"就是明确组织的目标并努力实现目标。

不同的组织，价值取向也不同。所以，提升价值有多种方法。物美价廉的店铺可以通过薄利多销、降低售价的方式提升价值。而着眼于顾客满意度的修理店可以寻找并引进更好的技术。

像这样为实现组织的目标做出贡献，我们就能提升自己的价值。

贡献3 培养人才

一个组织要长期生存下去，就必须培养接班人。

下一代人在上一代人打下的基础上再接再厉，创造出新的成果，这样不断积累，组织才能够生存下来。

所以，组织希望培养出头脑灵活、能够不断革新的人才。

这三个方面都是个人能为组织做出贡献的地方。自己应该发挥什么样的作用，现在你明白了吧？

▶ 不要弄错努力的方向

如果没有正确理解"组织应该为社会做出怎样的贡献"，无论如何努力，都很难取得成效。如果你感觉"无论怎样拼命仍然徒劳"或"努力了，却总不被认可"，请你停下来想一想，你是否正确理解了"组织应该为社会做出怎样的贡献"？你努力的方向和组织的目标是否一致？

一名女士换了新工作。新单位是一家提供平价海外旅行服务的公司，能满足顾客"想轻松去海外旅行"的需求。

而她之前的公司是做高端旅行产品的。她从以往的经验出发，认为价格稍高但服务周到的产品会更有竞争力，所以每天都专注于收集面向高端市场的旅游信息。

当上司要求她拿出新产品的策划方案时，她充分利用之前收集的信息，反复研究制订了几个方案。但是，她提出的方案一个也没有通过。她的努力最终成为泡影。

案例中的这位女性没有理解所在的公司在社会上应该发挥的作用，拘泥于过去的成功经验，虽然一直很努力，结果却失败了。

由此可见，<u>重要的不仅仅是努力工作。只有理解自己在组织中的角色，并为组织做出贡献，才会卓有成效。</u>

贡献带来的其他积极变化

▶ 人际关系更和谐

贡献不但能带来成效,还能带来其他积极的变化。首先,它会使你的人际关系变得更和谐。

在工作中,因人际关系感到苦恼的人不在少数。但不同于个人生活中的人际关系,工作上的人际关系要相对单纯些。在同一组织内工作,一定有共同的目标。发现共同的目标,向同一方向努力,自然会步调一致,人际关系也会变得和谐。

当然,人都有秉性和喜好上的差异。但只要大家朝一个方向努力,就不必在意这些。

▶ 人才能自发地成长

其次,贡献有助于人才的成长。思考"自己如何做贡献",实际上就是思考"自己应该提升哪方面的知识和本领"。这就是自发地成长。

比如,有人认为自己应该做的贡献是开发新产品,就会想"进一步提升策划本领"。而有人认为自己的职责是让顾客购买更多的产品,就会想"更多地了解商品""进一步改进待客之道"。像这样,每个人都会自发地产生"让自己成长"的意识。

如果周围的人都在努力成长,自己也会受到感染,这样一来,就会形成人才竞相成长的良性氛围。

所谓贡献,就是把每个人的努力切实转化为成效,这样做不但能使人际关系变得更和谐,也有助于人才的成长。

〖 重视贡献 〗

组织的贡献
个人的贡献

转化为成效

使人际关系和谐

能够让自己成长

故事

这一天，小哲在店里接待顾客时，回想起自己第一次来这家餐厅吃饭的情形。

那时自己刚到这条街上的一家公司工作，是公司的前辈带他来的。

每天忙得头晕目眩的他，在这家餐厅里一下子放松了下来。周围的客人也很放松，这让他感觉更加惬意。

不久，小哲开始在这家餐厅工作，他也想为客人营造这样一种轻松的氛围，只是自己在不知不觉中忘记了初衷。

"这个餐厅应该在社会上发挥什么作用——应该通过餐饮，为在这条街上繁忙工作的人群提供一个'可以放松身心的空间'，这就是这家店的作用。而我的工作就是营造出这样一个空间，虽然我还没想好具体的方法。"

小哲感觉眼前豁然一亮。

"我要马上告诉大家!也许这样做,能改善大家的工作状态!"

小结

☑ **思考两种贡献的方式**

为取得成效,必须考虑两种贡献的方式,那就是"组织怎样为社会做贡献"和"个人怎样为组织做贡献"。

☑ **思考自己能为组织做什么**

无论什么样的组织都会希望:取得直接的成效;提升组织的价值;培养人才。以此为出发点思考自己该如何发挥作用吧。

☑ **贡献带来的其他积极变化**

贡献除了能转化为成效外,还能使人际关系变得和谐,让人才自发地成长。

第 2 章

如何发挥长处

小哲与厨师产生了矛盾

　　小哲向大家说明了餐厅应发挥的作用，希望大家朝这个方向努力。

　　没过几天，厨师很得意地把一摞纸交给小哲，上面写着他下了很多功夫研究出的几个菜。他说想把这些菜品加到菜单上。

　　厨师觉得自己理解了小哲的想法，所以才热情高涨地设计出了这些菜。

　　小哲当然也非常明白他的心情。厨师设计的新菜式不比任何高级餐厅的差。而且，他也有本事做好这些菜。只是……

　　"这都是一些费工夫的菜啊。这些菜一个人根本做不出来，而且这些高级食材也很难备齐。能不能再考虑一下其他的……"

　　听小哲这么一说，厨师有些沉不住气了。

　　"你说什么呢！我好不容易想出来的菜式，你却看不上？难怪顾客越来越少！"

　　"那你也不能拿出这么不切实际的菜谱啊！"

　　小哲不由得发起火来，反驳道。

　　"太不像话了！"厨师一甩袖子回到厨房。

厨师自尊心强，总想把自己的想法强加给对方；意见不合时，根本不想听对方解释。厨师的这种性格，小哲并不喜欢。

"真是受够了！"

第二天早晨，小哲又来到那个咖啡馆。旁边的老先生听小哲说起最近发生的事。

"没想好餐厅应该发挥什么样的作用时还没事，结果现在反而和员工闹僵了。我该怎么办呢？"

看到小哲这么苦恼，老先生问道：

"是不是你们都没有发现彼此的长处啊？"

"彼此的长处？"

"是啊！自己的长处和对方的长处。要取得成效，必须利用双方所长。今天我们就来聊聊'长处'吧！"

小哲正襟危坐，听老先生讲起来。

发挥长处，才能卓有成效

▶ **发现并利用长处，才能卓有成效**

老先生说的"长处"让小哲感觉受到了一些启发。

正如老先生所讲，要取得成效，发现并利用自己和他人的长处很重要。各有长处的人聚到一起，形成合力，才会取得成效。

那么，什么是"长处"呢？就是大家常说的"在某方面比较擅长""比其他人做起来更轻松"。成效总是来自长处。发挥长处，全力以赴，才会取得超出寻常的成效。

没有必要克服短处

与"发挥长处"相比,人们往往更关注如何克服短处。这是因为我们从小就被教导要克服短处和弱点,达到和其他人一样的水平。比如,因为一项不擅长的学科拖后腿,在考试中输给各科成绩相当的人,这种不愉快的经历,很多人在学生时代都有过吧?

但是,为取得成效,只想克服短处是行不通的。为什么呢?因为即使努力克服了短处,也只能取得任何人都可以做到的微小成果。

在园艺店工作的一名青年擅长养花,但不太了解与花卉相关的知识。为克服这一短处,他花费比其他人多几倍的时间,掌握了同等水平的知识。但养花的时间因此减少了。

另一方面,他的一名女同事不擅长养花,但掌握了大量有关花卉的知识。她毫不介意自己的短处,不断丰富自己的知识,很快,她的知识量就远远超过了其他人。

之后,信赖女同事的顾客越来越多,园艺店的营业收入开始大幅度提升。

青年努力克服自己的短处，掌握了有关花卉的一般性知识。但由于养花的时间减少了，他自身的优势也被削弱了。

　　另一方面，女同事并不介意自己的短处，在自己擅长的方面持续努力，结果为店里做出了很大的贡献。

　　这个案例告诉我们，达到和其他人一样的水平意义不大。为了取得成效，有一项"不输于任何人"的长处更重要。如果要付出同样多的努力，我们应专注于发展自己的长处，而不是克服短处。

▶ 不被"好恶"所左右

　　说到"发现长处"，很多人会认为"我知道自己的长处"。但是，我们对自己拥有的长处的认识往往并不准确。

　　最常见的是，我们会把爱好误认为是长处。请一定要区分开"爱好"和"长处"。

如果你发挥了自己的长处，结果却不如人意，这时就要重新审视自己的长处究竟是什么。常常被人依赖、可以带来比想象更好的结果的事情，也许才是你真正的长处。不被好恶左右，客观地看待自己是很重要的。

一位女士从小非常喜欢音乐，钢琴水平年级第一。后来她考上了音乐学院，在钢琴教室做兼职教师，却发现：

"我的演奏并没有像预想的那样受欢迎。但是，在做兼职的钢琴教室，大家都喜欢听我的课。看来比起演奏，我更适合教学啊！"

她下定决心改变发展方向，毕业后开办钢琴教室，为社会培养了很多钢琴家。

这位女士能区分自己的爱好和长处，所以才获得了成功。如果她坚持做喜欢的事情，想努力当个演奏家，恐怕不会取得多大的成就。

通过反馈分析找到长处

▶ 通过反馈分析找到长处

要找到自己的长处并不容易。有个方法一定要试试,那就是<mark>反馈分析</mark>。

反馈分析,就是分析自己活动的结果,把你的发现反馈到接下来的活动中,这有助于发现你的长处。

请参见第 38—39 页。反馈分析的方法有四个步骤。

在第三步,"比预期目标做得更好的事""能拼命做成的事"就是你的长处。而发展长处最重要的就是第四步标出的要点。接下来我会详细说明。

▶ 应该集中精力做什么

你应该专注于能发挥自己长处的工作。对比预期目标做得更好的事、能拼命做成的事,应该尽量花更多的时间和精力。这样一来,你的长处会成为更强大的武器,为你带来更大的成效。

▶ 应该学习什么

为了发展自己的长处，要更深入地学习，积累更多经验。这样，你的长处就会成为不输于任何人的"专长"，你的价值也会随之提升。如果有助于培养自己的长处，积极接触一些专业以外的事情也是有必要的。

▶ 应该改善什么

通过比较目标和结果，也许就会发现自己的缺点和需要改善的生活习惯。比如"一个人时会想太多"或"如果能更有效率地利用空闲时间就太好啦"，只要发现了，就要有意识地去改善。

反馈分析就是客观分析自己的活动，并把结果用于未来的活动中。在重复反馈分析的过程中，你的长处会逐渐成为不输于任何人的专长。只有管理好自己，我们才会不断成长。

"反馈分析"
发现你的长处

步骤 1　确定目标

针对今后想专心从事的活动，写下"想做什么""想何时完成"等具体的目标。

步骤 2　采取行动

为实现目标采取行动。

步骤 4

确定下一个目标

根据步骤 3 得到的结果确定下一个目标。
思考以下问题：
应该集中精力做什么？
应该学习什么？
应该改善什么？

步骤 3

比较目标和结果

定期比较步骤 1 确定的目标和实际的结果。
将以下两点作为比较的标准：
（A）是否达到或超过目标？
（B）是否拼命做成了？

发挥所长，组织才会更强大

▶ 发挥每个人的长处

不被短处束缚，尽量发挥长处——这不但适用于自己，也适用于他人。只看对方的短处，不看对方的长处，是很难取得成效的。我们应该把自己的长处和身边人的长处结合起来。

一个组织在做出人事决定时，往往是基于员工的弱点，比如，"他虽然很优秀，但某方面有短处，这次提拔就算了吧"。这样一来，大家都会专注于克服自己的短处，而不再热衷于通过发挥长处去取得最好的成效。

我们不应被自己或他人的短处限制，彼此的短处是可以互补的。这样才能把大家的长处集中起来，让组织变得更优秀，自然就能取得更好的成绩。

▶ 优秀的组织不需要特殊才能

优秀的组织是由一群各有所长的人组成的，这一点毋庸置疑。但也没有必要只招募有特殊才能的人。重要的是，让组织内的每个普通的员工都能充分发挥自己的长处。

建立组织时，重要的是让员工的长处最大限度地发挥出来，因此以下两点至关重要。

▶ 组织结构简单化

首先应设计出可以实现目标的组织结构。如果组织结构看上去很好，在实践中却不断失败，也许就需要重新审视这种设计。

▶ 分配符合员工水平和承受强度的工作

正确评估每个人的能力和水平,然后把合适的工作量和工作内容交给他。如果工作过于简单,员工发挥长处的机会就会减少。所以,弄清什么样的岗位能让员工发挥长处,给员工分配什么样的工作和多少工作,是十分重要的。

那么,故事中的小哲向老先生请教后,是否发现厨师的长处了呢?

小哲开始思考厨师的长处是什么。

厨师很固执，是因为他追求完美、对工作有热情。论烹饪技术，他毫无疑问是这条街上最棒的。对啦，工作热情和过硬的技术就是他的长处。

一天，小哲向老板请教。

"厨师对烹饪有热情，技术也很过硬。可是怎么做才能让他把这些长处都发挥出来呢？"

"哈哈，还是你厉害，善于发现别人的长处啊！他确实比其他人固执，掩盖了他的长处。你不愧是我选中的店长啊！我相信你一定会想到办法的！"

小哲没想到老板会这么说。他也开始看到了自己一直以来未被发现的长处和作用。

小结

☑ **发现自己的长处**

卓越的成效不会来自短处。只有找到并发挥自己的长处，才能取得成功。

☑ **让他人发挥所长**

我们不仅要发挥自己的长处，也要发挥别人的长处。建立一个组织没必要只招集具有特殊才能的人，而是应该让普通的员工都能发挥所长。

第 3 章

学会管理时间

小哲，疲于奔命

老板的一席话，让小哲重新振作起来。他试着再次和厨师沟通：

"我一直认为你是这条街上最棒的厨师！你最喜欢的菜是什么呢？"

厨师听他这么问，不禁喜形于色。

"我最喜欢的？当然是妈妈常做的红酒炖肉啊！就是把常见的肉和蔬菜一起炖，但用的是我们家特制的汤！"

"就是它了！"

既然厨师说好，那味道一定没的说。

家常的味道和餐厅追求的"能让人放松下来"的氛围完全吻合。预算和时间都可以控制，而且谁都模仿不了！

"这道红酒炖肉，你也会做吗？"

"当然，我经常做啊！"

"就把它作为我们的新菜吧！"

小哲把这道菜命名为"主厨特制红酒炖牛肉"，作为招牌菜推出。很快，这道菜大获成功。

顾客增加了，营业收入开始逐渐上升。小哲发自内心地感谢厨师：

"你做的菜太棒了，无人能及啊！"

"哪里哪里。不论什么时候，下一道菜才是最棒的！"

营业收入上来了，小哲变得前所未有地忙碌。特别是整理文件和管理资金等事务性的工作，让他难以招架。

这天下班后，他还在处理堆积如山的文件，不知不觉到了早上。

小哲又来到了咖啡馆。

老先生坐在过去常坐的位置上。

"上次之后的情况怎么样？"

"多亏您指教，营业收入有些回升。看来能坚持下去了。"

"那可太好了！不过，你看起来很累啊！"

"唉，连睡觉的时间都没有了……"

"那怎么行啊！这样，我们开始学习下一个本领吧！"

"下一个本领……哦，想起来了，是时间管理吧？"

"说得对！要做的事无穷无尽，正因为如此，就必须学会管理好时间啊！"

老先生和往常一样，和颜悦色地说。

看看自己是怎样安排时间的？

▶ **只有时间是不可替代的资源**

故事中的小哲，好像被时间追着跑。工作开始有起色了，时间却不够用——这是生活在当今社会的我们经常感到苦恼的问题。

"时间"对所有人一视同仁。无论是富翁还是穷人，无论是忙人还是闲人，一天能用的只有 24 小时。时间既不像金钱那样可以积攒或借贷，也不能像物品那样流转，更不能像人力一样被雇用。只有时间是无法替代的资源。

能够取得成效的人都明白这一点，他们经常思考"在自己有限的时间内如何让成效最大化"。

▶ **把零星时间整合起来**

要在有限的时间内使成效最大化，应该怎么做呢？答案是"把时间整合起来"。

制订工作计划时，需要花时间深入思考，整理你的想法。而安排工作时，也需要让对方理解你想让他做什么以及目的是什么。也许你可以在60分钟内完成这两件事，但你无法在6段10分钟的零星时间内完成。

要想取得成效，我们需要在一段时间内集中精力完成一项工作。

而这样的时间不是等来的。我们需要把零星时间整合起来,而且要做好规划,确保不被临时出现的其他事打乱。

▶ 全面了解时间是怎么用的

为了留出大块儿时间,首先应该做什么呢?就是发现浪费时间的"无效活动"。

你知道在哪些事情上花了多少时间吗?也许有人认为"这有什么难的,我当然知道了"。但能正确了解自己如何使用时间的人很少,就连"对日程管理很有自信"的人也常常在浪费时间。

所以,我们首先要全面了解自己的时间是怎么使用的,并将其记录下来。

记录时间的使用有一个方法,就是以 30 分钟为一个单位,尽量详细并且实时地记录自己做了什么。也许你会觉得"太麻烦了",但只需花上一点工夫,就能发现许多零星时间。

记录的工具可以是记事本或智能手机,只要用起来方便即可。重要的是实时记录并持续 3 到 4 周,最后你一定会发现原来没注意到的很多无效活动。

一名男士记录了自己如何使用时间。他惊讶地发现，工作中的大部分时间竟花费在打电话和回复邮件上，同时也发现很多时间被会议和接待占用了。

作为销售经理，他最重要的工作是阅读报告和必要的数据资料，制定有效的销售策略。但是，他每周用在这方面的时间寥寥无几。

于是，他开始迫不及待地重新审视自己的时间安排。

有哪些浪费时间的无效活动

▶ 识别无效活动

首先我们要识别花费时间的活动是不是无效的。要留出大块儿时间，就要认真识别并减少无效活动。我们可以按照以下三点来操作。

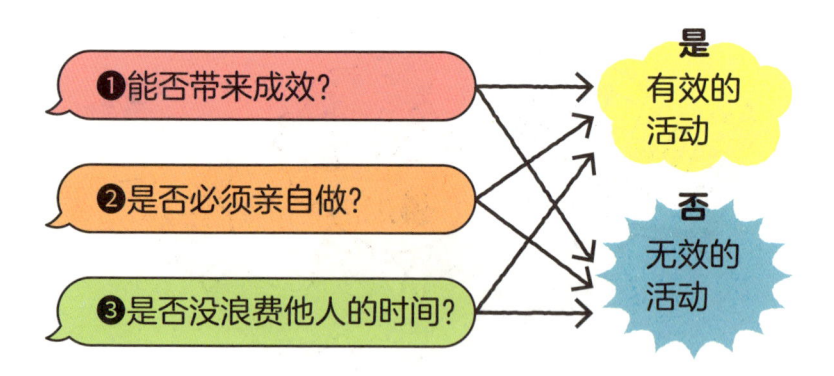

- ❶ 能否带来成效？
- ❷ 是否必须亲自做？
- ❸ 是否没浪费他人的时间？

是 有效的活动

否 无效的活动

❶ 能否带来成效？

没有必要做的事，即不会带来任何成果的事，当然是无效活动。比如，只是按照惯例举办的会议或无助于提升自身长处的活动，都可以马上取消。

此外，如果发现已经开始做的事情没带来成效，就应该果断停下来。不要被"之前花费的时间太可惜了"这种心理绑架，要经常问问自己："如果我没有做这件事，现在还会开始做吗？"一定要准确判断自己所做的事能否带来成果。

> 一名在电机厂工作的男士开始研究新产品，为此他投入了很多时间、精力和巨额费用。过了半年，别人告诉他：
>
> "我们的竞争对手好像决定开发更高性能的新产品。我们的研究即使进展顺利，打败竞争对手新产品的可能性仍然很低。"
>
> 想到之前付出的努力，不能坚持到最后真是不甘心。不过，他又想：
>
> "现在是否还要继续这项研究呢？不。既然知道了竞争对手的情况，更应该把时间和精力花在其他的研究上。"
>
> 一年后，他在新的研究领域推出了新产品，成功取得超越竞争对手的巨大成就。

❷是否必须亲自做？

现在负责的工作中有没有不必亲自做的？有没有可以交给他人做的？把自己应该做的事交给他人做，是判断失误。但为了做好自己应该做的事，把其他的部分交给他人做，对取得成果来说是有必要的。

❸是否在浪费他人的时间？

最后，我们要识别"浪费他人时间的活动"。自以为是为他人着想，实际上却占用了对方的时间，这种情况很常见。这不但浪费了对方的时间，也浪费了自己的时间。

"浪费他人时间的活动"是很难识别的。最好经常问问对方："我有没有浪费你的时间？"

虽然是简单的沟通，却有助于避免浪费彼此的时间，进一步加深双方的信任。

▶ 把空闲时间集中起来

不会带来成果的事、可以交付给他人的事、浪费他人时间的事，都是可以取消的无效的工作。然后我们就可以把这些空出的时间集中起来利用。

这样的连续时间段不应被突如其来的各种琐碎的工作占用。你可以换个工作地点，或告诉周围的人"到几点之前不要打扰我"，严格遵守时间安排，才能完成能产生成果的重要工作。

重新评估组织结构，取消无效活动

▶ 通过四点重新评估

在清理无效活动时，我们一定会遇到从个人角度无力解决的问题。这可能是组织结构造成的，如果是这样，我们就必须重新评估它。

要识别无效活动是否与组织结构有关，有以下四个要点：

❶是否存在容易产生无效活动的流程？
❷人员是否冗余？
❸会议是否过多？
❹信息是否被准确传递？

❶是否存在容易产生无效活动的流程？

这里所说的流程，是指已经确定的步骤和程序。如果同样的故障和失误反复出现，需要花大量时间来处理，那就不是个人的本领或是否关注细节的问题，而是流程出了问题。处理这些问题会浪费所有相关人员的时间。所以，有必要重新评估流程。

❷人员是否冗余？

有人认为人员太少是个问题，却没有多少人认为人员太多也是个问题。人员冗余会导致更多的问题，比如建立合作关系需要花费更多时间，人际关系也会变得复杂。

如果协调人际关系要花去工作时间的十分之一，你就要考虑精简人员，使组织智能化。

❸会议是否过多?

开会的初衷是为工作补充必要的信息,但是不少人都认为"会议太多,结果没有时间工作了"。这是不是因为组织结构有缺陷?

如果超过四分之一的工作时间都用在了会议上,就有必要改善组织结构。尤其需要检查是不是分工过细,责任过于分散。

❹信息是否被准确传递?

信息如果没有在合适的时间传递给合适的人,就会浪费大量的时间。

应该参加一个会议的男同事由于身体不舒服,这天没来上班。

会议主持人事先并不知情,为了等待这位男同事,推迟了会议开始的时间。和男同事同部门的人发现后,告诉主持人男同事没来上班。

主持人得知这一消息时,比会议计划开始的时间已经晚了 30 分钟。因此,出席的 10 个人都浪费了 30 分钟。

如果事先规定不能出席时要及时向会议主持人报告,那么"10 个人 × 30 分钟"的珍贵时间就不会被浪费了。

所以,我们都要重新评估哪些信息需要传达,何时传达,以及传达给谁,这样才能避免浪费时间。

那么,故事中的小哲究竟是怎样重新安排时间的呢?我们一起来看看。

故事

小哲像老先生建议的那样,开始尝试记录自己如何使用时间。结果发现,不擅长的事务性工作成了他最大的负担。每天都要开会、订购食材,虽然每次工作量不大,但合计起来却需要花很多时间。

于是,小哲开始把零零碎碎的整理文件和接听电话的工作交给女服务员处理。他又简化了订购食材的程序，设立了专用单据，早会也改为每月一次。

餐厅只有三个人，有什么事都可以单独沟通。

小哲，就这样开始逐步学会了管理时间！

▶ 要继续管理好时间

读到这里，相信大家已经学会了如何整合零碎的时间。

时间是不可替代的资源。<u>为取得成效，就必须学会好好利用时间。一定要反复分析，避免浪费。</u>最好每年记录两次，定期重新评估自己的时间是如何使用的。

请学会管理好时间！

小结

☑ **管理时间**

时间是不可替代的资源。为了取得成效，必须学会好好利用时间。

☑ **将时间整合起来**

善用时间的第一步是把零星时间整合起来。我们可以通过记录自己如何使用时间来取消无效活动，把空出来的时间集中起来。

☑ **如何识别浪费时间的活动**

活动是否无效，可通过以下三点来识别：
①是否能带来成效？
②是否必须亲自做？
③是否在浪费他人的时间？

☑ **取消组织层面的无效活动**

从个人角度无法解决的问题，可以在组织层面解决，以减少时间的浪费。

第 4 章

集中精力
做最重要的事情

故事

小哲，不能集中精力做应该做的事

小哲逐渐明白了该怎样利用时间，不再像以前那样牺牲睡眠时间了。而且，让女服务员分担工作后，他也发现了她的长处。

她整理的文件方便阅读，计算没有差错，而且完成的速度很快。

以前，小哲只看到她缺少热情的态度。他只注意到她的缺点，却没能发现她的长处。

"店长，劳驾你尝一下味道？"

"好嘞！"

"店长，那桌的账，拜托你算一下！"

一件接着一件，从接待顾客到后台的琐事杂事，哪件事都得干，让小哲忙得不可开交。

"其实啊，应该和每位顾客好好交流，应该把店里布置得再好一些，让顾客感觉更舒适……唉！"

小哲开始感觉有些难以应付。

"欢迎光临！"

又有新的顾客来了。小哲正准备接待，发现是那位老先生。

"今天过来，是因为好久没有看到你。生意不错啊！"

"托您的福。只是,真正想做的事,还没有时间着手啊……"

"我猜到了。看来应该马上教你新的东西啦!"

"接下来应该是……"

"就是要集中精力做最重要的事情,一次只能集中精力做一件事!"

"集中精力只做一件……"

"喂,赶紧把我领到座位上啊!"

老先生打趣地说道。

"你先去忙吧!我们不是还要在咖啡馆见面嘛!"

小哲把老先生领到座位上,又开始工作。但是,他心里一直反复琢磨着老先生的话,迫不及待地期待第二天早上的到来!

集中精力先做最重要的事，一次只做一件事

▶ 先做最重要的事

故事中的小哲好像感觉有些力不从心——"应该做的工作都没做好啊！"无论怎样精简工作，无论在时间安排上如何下功夫，要做的事都应接不暇，根本无法发挥自己的长处——这是一忙起来就无法回避的问题。

为了解决这个问题，就需要集中精力。

为了取得成效要做的事情有很多，但是可支配的时间却很少——在这种状况下，我们要让自己的长处得到发挥，实现成效最大化，就必须集中精力先做最重要

的事。

这听起来很简单，要真正做到却并不容易。

比如，工作中，我们常常优先选择做"容易上手的事"或"急事"，结果最重要的事却没做。到头来，忙活半天却不见成效。

要取得成效，最重要的就是集中精力，先做最重要的事。

▶ 集中精力，一次只做一件事

为了集中精力，还有一件事要记住，就是一次只做一件事。

所谓重要的事，不是有空闲就能完成的事。为了获得丰硕成果，我们需要在一件事上投入充分的时间，最大限度地发挥长处，全力以赴。

但是，因为急于求成，很多人会减少应该花费的时间，而且同时做几件事。结果，每件事都半途而废，更别说取得成效了。

先做最重要的事，而且一次只做一件，两者缺一不可，才能集中精力取得成效。

一名新来的律师被委派了三件案子，他不想辜负大家的期待，便都接下了。每件案子他都全力以赴，但因为时间有限，结果都没办好。久而久之，委托他办的案子越来越少。

另一名资深律师也同时有三件案子找她。她考虑到一次处理不了这么多，只接下了一件能充分发挥她特长的案子。她集中精力处理这个案子，结果办得很出色，远远超出周围人的预期。

有助于集中精力的两个具体方法

▶ 舍弃已过时的工作

集中精力先做最重要的事,而且一次只做一件事——这说得很有道理,但具体如何做呢?很多人都会感到不知所措。现在就来介绍两个具体的方法。

第一个就是舍弃已过时的工作。

对于已经开始着手但是总看不到希望的工作,心里就会想"怎么也得出成果啊""总得把之前花费的时间和成本收回来啊"。

但是,做了一段时间,发现仍然"很难取得成效",就说明这项工作已经过时了,已经不再重要,那么请果断放手吧!

而且,有时之前能取得成效的做法随着时间的流逝也开始过时,现在不再适用了。我们常常执着于已取得的成功,但这个时候不应被过去左右,要果断放手。

舍弃已过时的工作,对集中精力来说很重要。

▶ 不排优先顺序，而是确定延后顺序

集中精力的第二个方法，就是确定==延后顺序==。延后顺序这个词大家可能不太熟悉，就是将暂时不做的事情排个顺序。我们想集中精力，常常要确定优先顺序，就是决定先做什么事情。但是，要集中精力取得成效，先确定延后顺序也很重要。

确定延后顺序并不简单。

确定优先顺序时可以暂时把一切要做的事情都保留下来。但是要确定延后顺序却不能这样。你会想，要延后的事情万一能带来成效呢？但这些事如果现在不重要，我们就必须下决心割舍。

要确定延后顺序并不容易。但是通过确定延后顺序，我们就有办法了解真正重要的事情是什么。

一个年轻人有个梦想——想当电影导演，于是进入了电影制片厂。但是他每天疲于奔命，几乎没有时间去思考自己的梦想。

一天，年轻人终于觉醒了——这样一辈子也当不了导演。于是，他开始判断哪些事可以不做。

比如为照顾周围人的情绪揽下的杂事、可以委托别人做的工作、无助于实现梦想的活动……于是，

他开始集中精力去做实现梦想所需要的事情。

在研究电影结构、写脚本的过程中，他越来越清楚自己必须学习什么，对工作也比以前更积极、更主动，每天过得很充实。他切实感觉到自己开始接近梦想了。

这名年轻人很有勇气，舍弃了"无助于实现目标的工作"。也许上司和前辈会颇有微词，但是对他而言，最重要的事情是实现梦想。所以，他下定决心，要集中一切精力去做这件事。

▶ 要有勇气判断是不是最重要

舍弃已过时的工作，把暂时不做的事情排个顺序后，自然就会看清工作的优先顺序。但是，我们还没有确定马上要做的"最重要的事情"。因为要集中精力只做一件"重要的事情"，还必须舍弃更多的事情。

我们需要的是选择一件最重要的事情的勇气。下面介绍几项规则,可以帮助你在关键时刻鼓起勇气。

贡献 1 选择未来而不是过去

之前做过的事情我们已经习以为常了,情况也都熟悉。而要从现在开始挑战的事情都是陌生的,会让我们感到不安。如果犹豫是选择过去还是未来,那么就鼓起勇气选择未来吧。

贡献 2 抓住机会

处理已经发生的问题,可以看作把负数归零,但只这样做不会带来巨大的成效。与之相比,更重要的是不放过把零变成庞大正数的机会。

机会突然出现,也许会有风险。但如果认为"机不可失",就要鼓起勇气行动!这可能会带来巨大的成效,也有助于自身的成长。

贡献3 选择自己的方向,而不是随波逐流

像其他人一样做事,或者方向和其他组织一致——这样也许会让你觉得放心、安全。但是,如此一来,你的长处就无法发挥,也无法取得巨大的成效。不如突出自己的独特性——选择自己的方向,会更容易取得卓越的成效。请坚持做自己,也许有时会不被理解或者受到排斥,但还是要有勇气选择自己的方向!

贡献4 另辟蹊径

能在别人开辟的路上走到最前面,是一项了不起的

成就，但还有其他办法取得更大的成就，那就是另辟蹊径。比如，即使现在的产品在市场上占据顶端位置，被新的产品取代也只是时间问题。我们应该生产让人意想不到的新产品，这样才能创造新的市场、新的需求、新的竞争。

成为第一个吃螃蟹的人需要勇气。但是之后会有更多的人跟随你，让你获得意想不到的巨大成功。

▶ 自己管理自己

所谓集中精力，就是要思考"什么是真正有意义的事？""最重要的事是什么？"，并有勇气按照自己的意愿来决定应该做的事。因此，这也是自我管理的过程。

希望大家都能按照自己的意愿，鼓起勇气引导自己！

故事

　　小哲在思考对自己最重要的事情。

　　对现在的自己而言，什么是最重要的呢？发挥自己所长，开一家理想中的餐厅——这就是现在的目标。

　　那么，应该做什么呢？对了，要增加和顾客交流的机会。这对自己最重要！

　　当然，此外还有很多事要做。但小哲决定，只要有顾客在，他就会放下手中的工作，集中精力接待顾客。他也大胆地把不擅长的事务性工作都交给了女服务员。

第 4 章　集中精力做最重要的事情

小结

☑ **集中精力先做最重要的事,并且只做一件事**

　　为了在有限时间内取得最大成效,必须先做最重要的事,并且只做这一件事。

☑ **确定延后顺序**

　　确定最重要的事情时,重要的不是先确定要做的事情的顺序,而是判断什么可以暂时不做,按照自己的意愿确定延后顺序。

☑ **要有勇气做出判断**

　　确定最重要的事需要勇气。要考虑未来、机会、自己的方向、另辟蹊径,鼓起勇气做出判断。

第 5 章

正确决策,付诸行动

故事

小哲，犹豫是否要雇人

小哲对女服务员说："把事务性工作都交给你吧！"女服务员高高兴兴地接受了。从那之后，她好像换了个人，全身充满活力。能把自己的长处应用在工作上，让她感到很兴奋。

而小哲可以集中精力做自己应该做的事了。他主动与顾客交流，让店里的气氛变得轻松、愉快，顾客也多了起来。

一天，小哲和厨师、女服务员商量道：

"我打算雇一名侍酒师，你们觉得怎么样？"

在与顾客交流的过程中，小哲有了这个想法。

如果能更精准地根据顾客的喜好和菜肴推荐与之搭配的红酒，顾客的满意度一定会得到提升。但自己在这方面是外行，需要再找一位专业的侍酒师！

厨师一听就急了：

"我反对！店里的收入总算稳定下来，还要招新人？也不知道会是什么样的人，还得费工夫教他！"

"我认为可以！反正人手也不够嘛！"

女服务员赞成。两个人的意见出现了分歧。

确实如厨师所说，招新人也有风险。但是如今小哲确实感到人手有些不够用了。

小哲很苦恼，第二天早上，他决定再去见见老先生。

听小哲说完，老先生像往常一样和颜悦色地说道：

"是啊，挺难决定的。这个问题很重要，关乎这家餐厅的未来啊！你现在要做的就是正确决策！"

听老先生这么一说，小哲一下子想到了什么。

对啊，五个技巧中的最后一个不正是"正确决策，付诸行动"吗？

"请您告诉我如何正确决策！"

"没问题！"

老先生喝了口咖啡，开始娓娓道来。

决策影响成效

▶ 决策在很大程度上影响着未来

小哲正为需要做出的重大决策而苦恼。其实对我们而言也是一样，==做出决策==是工作中最重要而且最耗时的部分。

比如，雇人／裁员、引进新系统／放弃旧系统、增加产品线／减少产品线……我们常常面临大大小小的各种选择，每天都必须做出决策。

决策不但影响==成效==，还会影响组织的未来。正确的决策能让你卓有成效，反之则可能带来巨大的损失。

一位老板经营着一家做日本点心的老店，但遇到了瓶颈。招牌商品销量一路下滑，经营出现了危机。

"这样下去怎么行呢！必须有所改变啊……"

有员工建议"改变商品的包装设计"，他犹豫再三后决定采纳。

要颠覆原有的品牌形象，反对的声音也很强烈。但老板坚持执行决策，结果却取得了巨大的成功，吸引了之前对这个商品不感兴趣的年轻人，由此扩大了客源层。

老板看到快速恢复的营业收入，感到有些后怕——当时如果没采纳那个员工的建议，后果不堪设想。看来当初的决策是对的。

这就是决策带来成效的案例。由此可见，决策会在很大程度上影响组织的未来！

凡是能带来成效的决策都需要花时间。因为每次碰到问题时，我们都需要从各个角度审视它并慎重考虑答案。不要被琐碎的细节迷惑，集中精力找到影响全局的关键问题，并花费足够的时间做出正确决策吧。

决策分为五个步骤

▶ 步骤1. 对问题进行分类

为了正确决策，有必要遵循下面介绍的五个步骤。

第一，对问题进行分类。为了正确决策，必须正确理解与此相关的问题的性质。正确理解有助于正确决策，而错误的理解只会导致错误的决策。

问题乍一看好像很多，实际上无外乎有以下四类：

①一般问题

②对自己而言是特殊问题，其实是社会上常见的一般问题

③真正特殊的问题

④虽然现在是特殊问题，将来可能会变成一般问题

```
所有的问题
├─ ① 一般问题
└─ 特殊问题
   ├─ ② 社会上常见的问题
   └─ 社会上不常见的问题
      ├─ ③ 真正特殊的问题
      └─ ④ 将来可能会变成一般问题
```

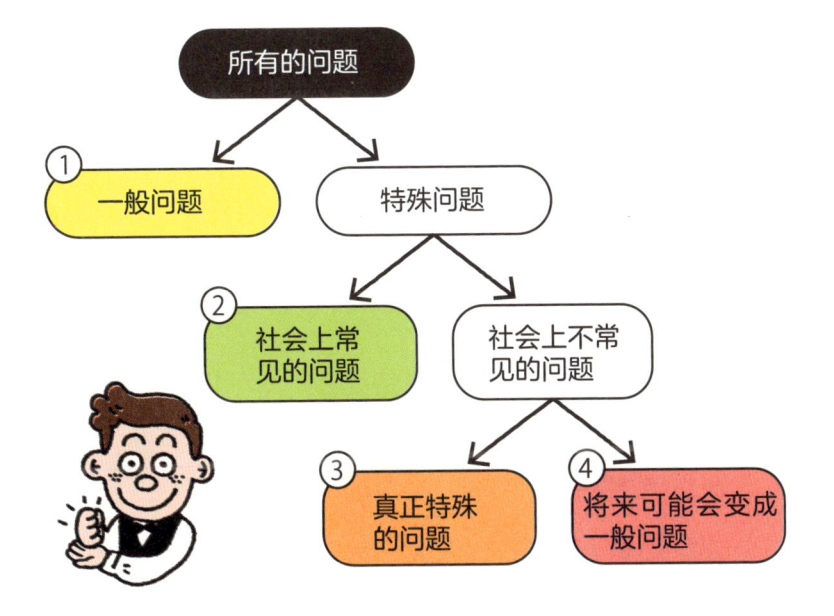

你眼前的问题属于哪一类,参照上图自然而然就能得出答案。接下来我们按照顺序逐一说明。

▶ 一般问题 特殊问题

首先我们要区分自己遇到的是常见的"一般问题"还是"特殊问题"。如果是一般问题,做出正确决策就很简单了。相反,如果是特殊问题,要做出正确的决策就比较难。

所谓的一般问题,就是我们多次经历过的问题,可以按照此前积累的经验来处理。而对于特殊问题,就需要从头考虑，一步一步做出正确的决策。

但是，真正特殊的问题往往比我们想象的要少得多。所以，不要马上假定某个问题是特殊问题，而应多从不同角度考虑问题的性质。

▶ 对自己而言很特殊，却是社会上常见的问题？

如果判断这个问题是"特殊的"，可以先从"是否对自己而言很特殊，但可能是社会上常见的问题"这一角度重新思考一下。

虽然是自己和组织初次碰到的问题，但放眼社会，也有人经历过同样的问题。而且，往往有人已经找到了问题的解决方案。如果知道了所谓的特殊问题不过是社会上常见的一般问题，就应该从已经找到的解决方案中吸取经验，然后应用在自己的决策中。

一辆车出了故障，被运到修理厂。修理工第一次遇到这种故障，他仔细排查原因，考虑如何修理。

过了几天，实在没有头绪的修理工给厂家打了电话。厂家说有几辆同款车出现了类似的故障。

修理工因为第一次遇到这种故障，绞尽脑汁考虑这种"特殊问题"的解决方法。但是放眼社会，同样的故障已经发生了好几起。这样修理工参照处理起来就简单多了。

▶ 现在是特殊的新问题，是否在将来可能成为一般问题？

对自己来说是第一次碰到，社会上似乎也没有发生过同样的问题——如果是这样，那也许是"特殊问题"。但是还有另外一种可能，就是"现在是特殊问题，将来也许会成为一般问题"。也就是说"眼前的问题可能是新问题"。

如果这个问题是新问题，要找出解决方法也许很困难。但正因为如此，你所做的决策和相应的经验才会变得有价值，而将来碰到同样问题的人都可以学习你的经验。有些时候，你的决策和经验也许会让你前途无量。

正像刚才说到的，我们碰到的问题几乎都是一般问题，真正特殊的问题非常少。但如果误以为是"特殊问题"，就很容易错过已有的解决方案。所以，需要花时间正确判断问题的性质。

▶ 步骤 2. 明确必要条件

对问题进行分类后，接下来要做的就是明确决策的必要条件。所谓必要条件，就是"如果这一点不满足，决策就没有意义"。也就是说，只有满足这个条件，"决策才能取得成效"。必要条件越清晰易懂，提升成效的可能性就越大。

> 一家咖啡馆的客人总是很多，但营业收入却不见增加。原来，几乎所有的顾客都只要一杯咖啡，却要待上好几个小时。
>
> 咖啡馆的老板决定增加之前没有的菜单，目标是让每位顾客的消费提高 1.5 倍。为实现这个目标，从新菜单的内容到价格以及提供饭菜的时间段，老板都进行了研究。
>
> 正如店长希望的那样，咖啡馆的收入倍增。每位顾客的消费额平均增加了 1.5 倍以上。

这家咖啡馆确定了"让每位顾客的消费增加 1.5 倍"这一目标,并实现了预期。但是,如果不确定目标,只是增加菜单,也不具体研究菜单的内容、价格,还能取得成效吗?恐怕不可能!

当然,即使确定了目标,也按照目标执行了,有时仍无法达到预期的效果。尽管如此,事先确定目标也非常有意义。因为这样就能有针对性地研究应该做什么样的决策,而且便于说明你的目的。这样做有助于提高成功的概率。

▶ 步骤 3. 确定做什么

第 3 个步骤是确定做什么。

在决定做什么并付诸行动的过程中,有时会遇到各种现实问题,可能不得不做出妥协。所以,在决策时,必须确定做什么。

确定做什么的标准不应该是"因为这个人这么说了"或者"这个方案容易被接受"。如果确定了要做什么,即使之后不得不妥协,也可以避免做出错误的判断。

▶ 步骤 4. 把决策付诸行动

第 4 个步骤就是把决策付诸行动。

决策时就要想到"怎样付诸行动"。即使对问题进行了分类、明确了必要条件、找到了正确答案，如果不能实施，也只是画饼充饥。决策要落实到具体的工作中，分工清晰，明确责任，这才是有效的决策。

因此，需要事先明确以下事项：
- 谁应该对这个决策知情
- 由谁执行这项决策，需要采取哪些行动
- 我们期待他取得怎样的成果，担负什么样的责任
- 这个人的本领和工作内容是否匹配

步骤 1
对问题进行分类

步骤 2
明确必要条件

步骤 3
确定做什么

▶ 步骤 5. 进行反馈分析

最后的步骤是<mark>反馈分析</mark>。比较决策时的预期和实际的结果，确认进展是否顺利。如果进展不顺利，反馈分析可以帮助我们发现需要改善的地方，并应用到接下来的决策中。即使是卓有成效的决策也不见得总是有效，仍有必要重新评估。

记得定期进行反馈分析！

步骤 4
把决策付诸行动

步骤 5
进行反馈分析

意见一致时不要急于决策

▶ 从模棱两可的选项中选择一项

至此,我们清楚了决策的步骤。但是,需要做决策时,我们仍然会感到犹豫。

决策归根到底是从几个选项中做出选择。而这与猜谜或计算不同,不存在唯一的答案。每个答案好像都是正确的,又好像都是错误的,要从这些选项中做出选择很难,需要勇气。

所以,也有人会在决策前围绕可能的选项征求周围人的意见。这时一定要注意的是,不能因为与周围人的意见一致就心安理得,而对反对意见避而远之。

▶ 深入讨论能提高决策的准确性

问题越重要,就越有必要提高决策的准确性。因此,需要积极考虑反对意见和其他选项。

不同的意见和选项有各自的考虑和可取之处。在讨论的过程中,自己的想法有时也会摇摆不定。

不过，不用担心！

让各种意见相互碰撞，充分思考，讨论才会更加深入，必须考虑的关键点也会浮出水面。这时我们会更加明确做出选择的原因。

最后，我们就能坚定、精准地做出决策。

而大家意见一致时，应该暂缓决策，留出深入讨论的时间。

为了能深入讨论，需要营造人人都可以自由发表意见、每个人的意见都被充分尊重的环境。这样不但能深化讨论，还有助于形成一种氛围，让每个人在平时能积极思考各种问题，主动参与到组织中来。

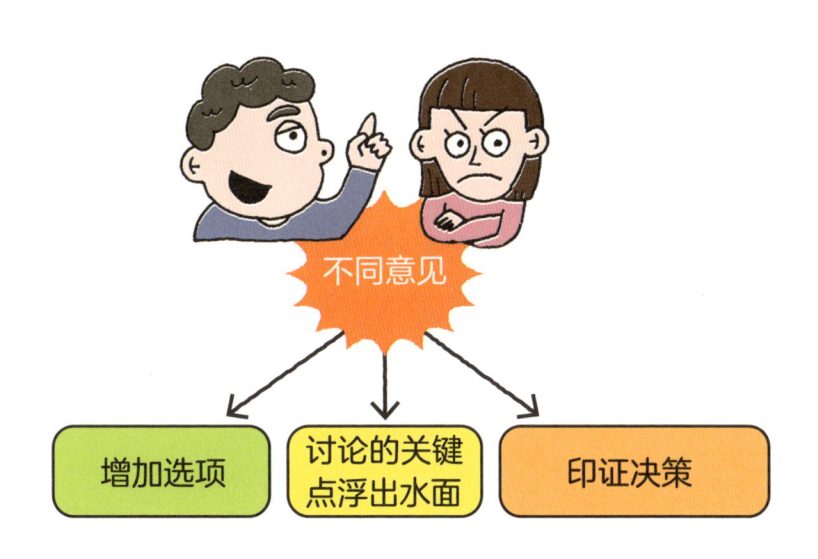

不同意见

- 增加选项
- 讨论的关键点浮出水面
- 印证决策

▶ 思考"不做决策"的选项

如果经过了认真深入的讨论,剩下的就是付诸行动了。但还有一点请大家记住,那就是你可以选择"不做决策"。

决策总会伴随巨大的风险。因为做出一项决策,就意味着会为现有的秩序带来新东西或是清除旧东西,然后创造一种新秩序。

这可能会很痛苦。也许会出现这样的情况——因为设立了新的岗位,组织整体的协作却乱套了;因为下架了旧商品,对新商品的销售产生了意想不到的不良影响。

现在真的要做出决策吗?不做决策是不是更好呢?可以最后再想一遍。"不做决策"也是一种决策。

还有一种选择:如果感到不安或担心,可以暂缓决策。

我们必须有勇气在合适的时间做出决策,否则就会错失机会,浪费周围人的时间。如果相信自己的决策,就要鼓起勇气朝心中的目标迈出一步。

故事

是否要雇侍酒师，小哲按照老先生教的步骤，花时间认真思考过了。

他的目标是让自己的餐厅成为"让人可以放松身心的地方"。

雇用新人存在厨师指出的风险。在新人熟悉工作之前，也许顾客会感到不满意。但从长远来看，要使这家餐厅接近理想的样子，现在的人手已经不够了。

小哲从各个角度想来想去，又和大家交流了几次。最后，他下定了决心。

"就这么定了！要雇一名侍酒师！"

决定了！！

IT技术的发展，让决策变得更加重要

▶ 技术的发达和人类应该发挥的作用

IT技术正在迅猛发展。几十年前互联网才刚刚普及，十多年后智能手机就诞生了，传递信息的方式发生了巨大的变化。而人工智能技术的应用会在未来变得更加普遍。

与此同时，我们的生活和工作也发生了日新月异的变化。

但是，决策仍然是我们人类的工作。

计算机能够收集大量信息，根据逻辑得出结论。一旦把工作编入程序，计算机几乎不会出差错，而且能以人类无法比拟的速度迅速得出结论。

但是，计算机不能体会人类的情绪，也不会产生想法。<u>确定组织的目标和方向，决定要做什么和不做什么，仍然要靠人类自己。</u>

▶ 决策是生存的必备技能

一旦做出决策，我们就可以借助计算机的力量，在更广的范围内快速实施。今天决策的事项，明天就可以在地球的另一端执行，已经是司空见惯了。换句话说，与十年前相比，决策的力量已变得无比强大。

随着技术的发展，决策的重要性会变得越来越突出！

能做出精准决策并持续取得成效，已成为在这个世界生存下去的必备技能。

小结

☑ **决策影响成效**

　　确定组织目标和实现目标的方法,就是决策的过程。做出什么样的决策,决定了事情的成败。

☑ **做好决策的五个步骤**

　　按照这五个步骤做出决策,能提高决策的准确性。
　　步骤1　对问题进行分类
　　步骤2　明确必要条件
　　步骤3　确定做什么
　　步骤4　把决策付诸行动
　　步骤5　进行反馈分析

☑ **随着IT技术的发展,决策变得更加重要**

　　随着IT技术的发展,决策的重要性正在提高。而且,决策已成为人类必备的生存技能。

> 尾声

为了成为更好的自己

小哲，憧憬着未来

　　小哲终于为餐厅招到合适的侍酒师。这位侍酒师对红酒的了解超出了小哲的预期，而且梦想成为世界一流的侍酒师。小哲把采购和管理红酒的工作都交给了他。

　　侍酒师很快成长起来，为他而来的常客也增加了。这家餐厅成了这条街上的人气餐厅。

　　小哲满意地望着餐厅里的情景。

　　一名常客一手拿着喜欢的红酒，一边和侍酒师说笑，气氛和谐融洽，仿佛是知心朋友在一起聊天。

　　后台，厨师正把刚做好的菜肴递给女服务员。

　　"第三桌的甜点也可以上了啊！"

　　"没问题！是生日蛋糕吧？"

厨师回应着女服务员，两个人不知从什么时候开始变得如此默契。

小哲松了口气。不过，他突然想到：

"看来我的想法——让这家餐厅成为'可以让人放松的地方'——已经实现了，那下一步的目标是什么呢？"

这个想法在小哲的心中反复出现。

一天早晨，在常去的咖啡馆里，小哲对老先生说道：

"最近我常在想，以后应该朝哪个方向努力呢？"

老先生笑着说：

"你成长得很快啊！刚见到你时，你还缺乏自信，被眼前的事搞得焦头烂额。现在你充满了信心，还主动思考未来。这么短的时间里，你的变化真大啊！"

"多亏了您的教诲！"

"哪里！这说明我讲的你都学会了！是啊，今后该朝哪个方向努力呢？我也正要问你——你希望大家记住一个怎样的自己？"

"希望大家记住一个怎样的自己？"

小哲重复着老先生的话。老先生轻轻把杯子放下，开始说了起来。

承担责任，获得成长

▶ 通过工作，让人生变得充实

小哲让餐厅走上了正轨，他开始思考未来。

他把老先生教给他的五种本领都学会了，成了可以持续取得成效的专家。话说回来，我们为什么必须取得成效呢？工作是为了成为有钱人？还是为了获得社会地位？也许都正确，但这并不是取得成效的目的。

人类是一种渴望获得成长，为周围的人和社会带来影响并发挥作用的动物。通过实现这些目标，我们才会获得真正的成就感。这是只有通过工作和社会联系才能获得的感受，能让人生变得丰富且幸福。这就是取得成效最重要的目的。

一位老人喜欢木雕工艺品。制作自己用起来很舒服的器皿，是他多年的乐趣。一天，儿子发现他制作的器皿很好用，就和父亲说道：

"应该让更多的人用上您做的器皿！大家一定会

喜欢的！"

老人受到鼓舞，决定把自己这么多年积攒的器皿拿到附近的商店出售。结果好评远远超过他和儿子的设想，有的买主甚至寄来了感谢信，联系要做代理的店也更多了。

老人因为自己制作的器皿被社会需要，觉得很有成就感，这是只为自己制作器皿时没有过的。而且，为了让大家更加喜欢自己的作品，老人开始不断提升工艺水平。

有人认为工作只是为了得到收入，或者获得社会地位。但是，如果改变你的思考方式和参与方式，工作就能够带来更大的价值。<u>要让人生变得丰富多彩，成为通过工作取得成效的专家是最佳途径。</u>

▶ 为了成长应该做的事

我们生活在一个"知识最重要"的知识社会。想在这样的社会持续取得成效,就必须提升知识水平,让自己不断成长。那么,我们该怎么做呢?

<u>首先,向别人传授经验。</u>自己擅长的事和成功的经验要积极向朋友传授。在这个过程中,对方会向你学习,你也能向对方学习。

<u>其次,选择能够让自己成长的环境。</u>有时,让自己置身于另一种环境,可能会发现新的可能性并找到未来的路。

<u>此外,参与现场工作也很重要。</u>从事组织管理、商品和技术开发工作的人,很少有机会直接和顾客打交道或提供服务。要有意识地创造置身于现场的机会,让自

己受到启发并学到东西。

总之，我们应该最大限度地挖掘自身拥有的可能性，并充分发挥潜能。能持续让自己成长的只能是自己，不会是其他人。对自己的成长负责，才是不断成长的金钥匙。

请记得把这些付诸实践。这会有助于增强你的自豪感和自信心，也能帮助你成长。

▶ 重视自己的价值观

在成长的过程中，我们必须认识到一件重要的事，那就是价值观。

我们拥有不同的价值观，同样，组织的价值观也各不相同，没有谁对谁错。但是，如果自己的价值观和工作单位的不符，就不能充分挖掘你的潜能，你也会怀疑自己选择的道路是否正确。

在能发挥自己所长的地方做到卓有成效很重要。如果工作场所的价值观与自己的不一致，就不会获得真正的成就感。所以，重要的是要做符合自己价值观的工作，在此基础上做到卓有成效。

在一个英语补习班当老师的女士被一所更大的

英语国际教育机构选中了。机构实力很强，希望这位老师能提升考生进入国外一流大学的升学率。

她不负众望，让很多学生进入了世界一流的大学，获得了很高的评价，她的报酬也比以前翻了几倍。但是她并不满足，相反却有一种无力感。分析原因后，她发现提高升学率对自己而言并不重要。让她幸福的是能和孩子们心意相通，并守护每个孩子成长。

于是她从这所机构辞职，开办了一所能和孩子们深入交流的补习班。虽然收入减少了，但每天的工作都让她很有成就感。

在国际教育机构，这位女性虽然发挥了自己的长处，做到了卓有成效，但组织的价值观和她的追求不一

致，她并未获得成就感。后来她选择的工作和自己的价值观一致，才感到心满意足。

此外，我们也需要考虑自己的气质和个性。

<u>人的气质和个性在就业以前早已成形，很难改变。</u>

有的人适合和其他人一起工作，有的人适合一个人默默地工作。有的人适合当领导带领大家，有的人适合辅助领导。

你拥有怎样的气质和个性呢？请务必选择能展示你的气质和个性的工作及职场。

你希望大家记住一个怎样的自己

▶ **从客观角度思考**

到这里，我们一路思考了通过工作取得成效的意义，以及让人生丰富多彩的方法和价值观，相信大家都有自己的理解。那么，最后想请大家思考一个问题：你希望大家记住一个怎样的自己？

这答案会指明你人生的方向——你想度过怎样的人生？你想成为怎样的人？

这个问题能够让你从外部而非内部视角出发去客观地思考。

我们的答案也会随着时间的推移发生变化，这很自然。因为随着你的成长，"希望大家记住的自己"自然也会发生变化！

要经常想想"希望大家记住一个怎样的自己"，让成长成为你的终生课题。

小结

☑ **通过工作让人生丰富多彩**

　　让自己成长、通过工作为社会做贡献，人生才会变得丰富多彩。而成为卓有成效的专家是实现这个目的最佳途径。

☑ **重视价值观**

　　为了持续成长，应该重视自己的价值观，做符合自己价值观的工作。

☑ **思考"希望大家记住一个怎样的自己"**

　　要找到未来前行的方向，思考"希望大家记住一个怎样的自己"是很有用的，能让我们从客观的角度考虑问题。

回顾过去，展望未来

十年后，餐厅中到处可见老顾客的笑脸。在这里工作的每个人都为自己的工作感到自豪，每天都过得很充实。

这十年来，小哲继承了老板的事业，成为名副其实的店主。当初的女服务员成了店长，负责主持店里的工作。店里的气氛变得热闹起来，前来光顾的女性和夫妻也增加了。

那名侍酒师在这里学习并积累经验，然后出国深造，去实现他的梦想。之后又有几个人来这里学习，然后学成离开。现在，厨师手下有个实习生，而且招了新的服务员。

"哎呀，是老板啊！今天真是贵客临门啊！"

小哲带客人一进来，从女服员成长起来的店长就跟他打招呼。

"是啊！要好好招待啊！"

小哲说着，把客人领到座位上，然后到了厨房。

"老板好！"

向小哲打招呼的，是那位大厨。

"辛苦啦！今天带来的客人有些特殊，你特制的红酒炖牛肉可以来一份吗？"

"好啊，没问题！还可以先尝尝新推出的开胃菜！"

"看来，他的新菜单很受欢迎啊！好期待啊！"

小哲回到座位上。

"来，干杯！"

"来，为了今晚的相聚！"

"干杯！"

是那位老先生，他与小哲相视而笑。

十年前，每当小哲说出内心的苦恼，老先生都会引导他，这些知识也彻底改变了他的人生。现在，他们每年都会在这家餐厅里见个面。

小哲想起十年前的自己，说道：

"当时，您问我'希望大家记住一个怎样的自己'，我的想法是，要让来到这家餐厅的所有人都记住在这里的时光。不光是顾客，也希望员工在五年或十年后认为这里是有温暖回忆的珍贵的地方！"

老先生点了点头。小哲继续说道：

"当时我回答，我希望大家记住我就是一个提供舞台的导演！"

"哈，你记得很清楚啊！这像是你会说的话。而且，你把想法变成了现实。"

老先生笑容满面，又接着说道：

"不瞒你说，我曾经想成为世界一流的实业家！不过，见到你后，我又有了新的目标！"

"什么？见到我后？"

"是啊，那时，我刚刚退休，正在思考以后要成为怎样的人，就在这时，年轻的你出现了。给你提出建议后，

你成长得很快，真让我高兴！于是我想用我的人生经验尽力帮助年轻人。"

没想到自己还能产生这样的影响。听老先生这么说，小哲很惊讶！

"没有什么事比帮助年轻人成长更有价值。所以，为了把我知道的一切传授给年轻人，我开设了一间工作室！"

"太了不起了！"

"哈哈！你怎么样？也该想想接下来该干些什么了。"

小哲感觉自己无法超越老先生。每次和他见面，他都会督促自己更进一步。

"是啊！我也该找到未来的自己！"

两个人就这样轻松愉快地享受着用餐的时光。

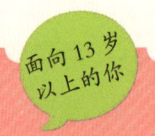

关键词一览表

面向13岁以上的你

接下来,我们用一览表来总结本书出现的关键词。

这些关键词对了解德鲁克思考的取得成效的方法至关重要。

最后,我们一起复习一下吧!

用语	解释
成效	通过某种行动取得的"好的结果"。是充实人生、获得幸福的必要条件。
知识	信息、经验和理论的加总。
知识社会	和"人、财、物"相比,知识成为重要资本的社会。
知识工作者	在知识社会,能够利用知识取得成效的人。
专家	在知识工作者中,能够持续取得成效的人。

续表

用语	解释
贡献	自己和组织对社会发挥的作用。首先要理解组织能为社会做出什么贡献，然后思考自己（个人）应该为组织做出什么贡献。
长处	"在某个方面比较擅长""和其他人相比做起来更轻松"，这些事项就是你的长处。为取得成效，发挥自己和他人的长处至关重要。
反馈分析	比较最初的目标和实际的结果，分析哪些方面进展顺利或不顺利，把分析结果运用到下一次活动中。
时间	时间对所有人都是平等的，是一种无法替代的资源。将时间整合起来，能够提高效率。
集中精力	做最重要的事，且一次只做一件事。
延后顺序	排出暂时不做的事项的顺序。
决策	做出决定。如何决策会极大地影响活动的成效和组织的走向。

彼得·德鲁克年谱

彼得·德鲁克不仅留下了众多著作,还从事过很多职业和活动。他一直关注着世界,也关注着人类的幸福。

他经历了怎样的人生?

让我们通过年谱走进他的世界!

公元	事件
1909	出生于奥地利首都维也纳。
1927	移居德国,进入汉堡大学法学系。在贸易公司做实习生。
1929	转入法兰克福大学法学系。他担任证券分析师的公司破产。之后,他进入法兰克福的一家报社,担任金融及外交方向的记者。
1931	在法兰克福大学取得国际法博士学位。
1933	由于希特勒在德国掌握政权,移居英国伦敦。
1937	与多丽丝结婚,育有一男三女。移居美国。

续表

公元	事件
1939	出版《经济人的末日》。 在莎拉·劳伦斯学院担任经济学及统计学兼职讲师。
1942	在贝宁顿学院担任哲学及政治学教授。 出版《工业人的未来》。
1943	在通用汽车公司担任调查及咨询顾问。 加入美国籍。
1946	以调查通用汽车公司为基础,出版《公司的概念》,成为畅销书。
1950	在纽约大学研究生院担任管理学教授。出版《新社会》。
1954	出版世界第一部管理学著作《管理的实践》。
1957	出版《已经发生的未来》。
1964	出版世界上第一本事业战略书《成果管理》。
1966	出版《卓有成效的管理者》。
1969	出版《不连续的时代》。
1970	出版《科技、管理与社会》。
1971	在克莱蒙特研究生大学担任社会科学系教授,设立管理研究专业。

续表

公元	事件
1973	出版《管理：使命、责任、实践》。
1975	开始给《华尔街日报》专栏投稿，为期20年。
1976	出版《看不见的革命》。
1979	出版《旁观者》。
1980	出版《动荡时代的管理》，预言日本泡沫经济的到来。
1982	出版小说《最后的完美世界》。出版《时代变局中的管理者》。
1984	出版第二本小说《行善的诱惑》。
1985	出版《创新与企业家精神》。
1986	出版《管理前沿》。
1989	出版《管理新现实》，预言冷战时代的结束。
1991	出版《非营利组织的管理》。
1992	出版《管理未来》。
1993	出版《后资本主义社会》。出版《生态愿景》，自称为"社会生态学者"。
1995	出版《巨变时代的管理》。

续表

公元	事件
1998	出版《德鲁克论管理》。
1999	出版《21世纪的管理挑战》。
2002	出版《下一个社会的管理》。 被美国总统授予美国公民最高荣誉"总统自由勋章"。
2005	11月逝世。

译者后记：关于德鲁克

30多年前读研的时候就读过德鲁克的几本书，深受他的影响。没想到今天有机会翻译与德鲁克有关的书，是一种缘分，更是一种幸运。

德鲁克是何许人也，他是怎样成功的，让我们一起看看。

来自家庭和音乐的熏陶

德鲁克出生于奥地利维也纳一个崇尚音乐的城市，生长在富有文化气息的优渥环境之中，从小就受到了良好的教育，包括音乐教育。曾有一段时间，德鲁克每周都去看一次歌剧，伟大的意大利作曲家威尔第80岁时写的作品完全把他征服了。他在威尔第写的一篇文章中读到："我作为一名音乐家，毕生都在追求完美，可完美总在躲着我。我觉得自己完全有义务再试一次！"这段话在德鲁克的心灵中打下了深深的烙印。以至于后来有人问德鲁克他写的哪一本书最好时，他总是微笑着回答："下一本。"

成功源于日积月累的坚持

德鲁克不到18岁就读完了高中。之后，他离开家乡来到德国汉堡，在一家公司当实习生，同时在汉堡大学法律系注册。期间，每周有五天夜里都泡在汉堡著名的城市图书馆，大量地阅读德语、英语和法语著作。几年后，德鲁克搬到德国法兰克福，成为当地最大报纸的金融和外事栏目的撰稿人。工作之余，他拼命学习国际关系和国际法律、世界通史、金融等领域的相关知识，逐渐发展出一套知识体系，并不断扩充，建立了自己的知识储备。后来，他获得法兰克福大学法学博士学位，移民美国后在多家银行、保险公司和跨国公司担任经济与管理顾问。理论和实践的积累，为他开启"管理学之父"的人生奠定了坚实基础。

成为"管理学之父"

德鲁克将他在当时世界最大企业——通用汽车公司做顾问时的心得写成《公司的概念》一书，首次提出"组织"的概念，奠定了组织学的基础。从此，他一发不可收，不断有著作问世，一直影响、改变着这个世界。德鲁克一生在《哈佛商业评论》上共发表38篇文章，至今无人打破这项纪录。

他著述颇丰，撰写了《管理的实践》《卓有成效的管理者》等几十本著作，其作品被翻译成多种文字。其中,《管理的实践》奠定了他作为管理学科开创者的地位，而《卓有成效的管理者》则成为全球管理者必读的经典。

经典，闪耀着不灭的光芒

著名管理专家及畅销书作家吉姆·柯林斯在《卓有成效的管理者》出版50周年之际，写下了缅怀德鲁克的文章。他说，德鲁克先生的洞见和思想，打破了时间的壁垒，在今天依然行之有效。他本人深受这本书的影响，将许多内容内化为自己的行为习惯和行事准则，并将之总结为"管理者可以学习和对照的10项原则"。微软公司创始人比尔·盖茨曾说，在所有的管理学书籍中，德鲁克的著作对自己影响最深。英特尔公司前首席执行官安迪·格鲁夫认为，德鲁克是他心中的英雄，德鲁克的著作和思想非常清晰，在那些狂热追求时髦思想的人群中独树一帜。20世纪80年代，德鲁克的思想被引入中国；2004年，德鲁克管理学被纳入中国的管理教育体系。

参考书目：

《卓有成效的管理者》机械工业出版社

《德鲁克——头脑整理术》东方出版社

《旁观者》机械工业出版社

《卓有成效管理者的实践》机械工业出版社

"德鲁克文集"上海财经大学出版社

译者 应中元

结语

感觉怎么样？大家读完本书后，是否理解了德鲁克说的"取得成效，会让人生充实，得到真正的幸福"这句话的意义？

故事中出现的年轻人小哲，在老先生的引导下，一次次学习并切实掌握了"取得成效必备的本领"，活出了精彩的人生。

这绝不是故事中的纸上谈兵，而是任何人都可以学到的本领！

但是，仅凭读一本书，并不会让你拥有有成效的人生。重要的是亲身实践，因为用心理解和付诸行动的效果完全不同。

1　重视"贡献"
2　发挥长处
3　管理时间
4　集中精力
5　正确决策，付诸行动

要掌握这些本领，需要一些时间。你也许会忘记学到的内容，也许会失败。但请你相信自己。因为坚持读完这本书，你就已经迈出了成功的第一步。

请把从这本书中学到的本领在每天的生活中用心实践。相信总有一天你也会取得成功，成为卓有成效的自己！

藤屋伸二

藤屋伸二

1956年出生。1996年设立咨询事务所。1998年进入研究生院开始研究德鲁克。策划的《关注顾客的涨价指南》，从特色化、差异化的角度对德鲁克的管理理论进行了再编辑，向中小企业提供商务咨询服务，帮助客户企业提高绩效，实现V字形复苏。主要著作及主编图书有《德鲁克入门》（日本效率协会管理中心）、《小企业运用德鲁克战略不战而胜》（日本实业出版社）、《漫画图解德鲁克》（宝岛社）等。